MINDSET EN ACCION

MINDSET EN ACCION

TALENT TOOLS I

MINDSET EN ACCION

(Power Habits)

Por qué algunas personas consiguen lo que se proponen **a pesar de…**

Gerardo Zaldúa

Copyright © 2023 by Gerardo Zaldúa
Todos los derechos reservados.

Reservados todos los derechos.
Quedan prohibida, sin la autorización escrita del titular del *copyright*, bajo las sanciones establecidas en las leyes, la reproducción total o parcial de esta obra por cualquier medio o procedimiento, comprendidos la reprografía y el tratamiento informático, y la distribución de ejemplares de ella mediante alquiler o préstamo públicos.
Si necesita fotocopiar o reproducir algún fragmento de esta obra, diríjase al editor.

MINDSET EN ACCION

Sobre mí.

Me considero una persona curiosa, con ganas de conocer más sobre el mundo que me envuelve y sobre mi mundo interior. También soy un apasionado del saber y del conocimiento en general. Me encanta descubrir e ir más allá de las líneas y de las fronteras.

Son por todas estas razones que he estudiado y me he formado, como una vía para descubrirme mejor y también para poder conocer más acerca de las interacciones humanas. Además, siempre ha habido y prevalece una parte de mí que busca el poder ayudar a personas que buscan superar sus dificultades, bloqueos, traumas y heridas. También acompañarlos en el proceso de desarrollar su potencial y aumentar sus destrezas y capacidades.

El haber laborado por más de 20 años en organizaciones, desempeñado posiciones de línea, a nivel staff, y en posiciones ejecutivas y de dirección. En mi siguiente etapa de vida inicié como Head Hunter, Consultor y Facilitador para personas y organizaciones. Fue con este último propósito como me interesé por el Coaching y recientemente como Mentor. Cuando empecé a conocerlo más descubrí un nuevo continente lleno de oportunidades, un camino nuevo que, si bien es cierto que, en el caso de este maravilloso ámbito, existía ya la Psicología Positiva y luego la creación de la subdisciplina del Coaching, para mí fue este el orden que seguí para continuar formándome.

Con el Coaching descubrí una metodología llena de herramientas y dinámicas para poder ayudar al cliente (coachee) a generar una mayor consciencia y conexión consigo mismo y también con sus metas y objetivos. Un proceso en el cual la persona puede redescubrir sus fortalezas y aprovecharlas al máximo para superar y lograr todo aquello que se proponga.

Este trabajo se ha convertido en una pasión, ya que puedo enfocar una metodología orientada al cimiento, no sólo a trabajar sobre creencias. Después de estudiar una carrera y la experiencia propia de la vida a nivel ejecutivo y personal, me pregunté si había algo más por aplicarme, seguir investigando y desarrollándome. Y la respuesta la encontré en mi intención de seguir creciendo ahora como máster en PNL. En donde se exponen las bases científicas aplicadas a la práctica metodológica de las emociones en el Coaching.

Fue una auténtica ilusión para mi descubrir cómo estos dos mundos podían converger. El crecimiento personal puede ir de la mano de la metodología del Coaching y el Mentoring de una manera valida y fiable.

Después de esto, he continuado aprendiendo más técnicas, herramientas y metodologías, hasta centrarme en una visión integradora. Una forma de poder reunir lo mejor de cada una de las distintas disciplinas y corrientes de atencion y fortalecimiento.

Al final todas ellas buscan lo mismo, el poder facilitar al profesional metodologías de crecimiento.
También me di cuenta de un elemento clave en la mejora y el progreso de mis clientes Coachees y Mentees, que era el compromiso con el trabajo diario. Porque ya lo decía Aristóteles, somos el resultado de

nuestros propios hábitos. Y esto es lo que yo mismo apliqué y sigo trabajando en ello cada día.

Como un viaje que nunca acaba y del que todos/as podemos disfrutar. Estamos justamente en una época donde las personas que no sigan aprendiendo o creciendo van a quedar muy atrás de la media. Es por esta razón que este mismo manual de crecimiento te va a permitir que día a día puedas proseguir con tu desarrollo personal.

Si completas a diario cada uno de los consejos, con las preguntas poderosas de Coaching que se hallan en sus páginas podrás hacer grandes cambios en ti. Pero sobre todo si aceptas sus retos y sus consecuentes llamadas a la acción, entonces harás cambios gigantescos, fortaleciendo tu mindset y tus hábitos de poder.

-Gerardo Zaldúa

INDICE

		Página
	Prólogo..	9
I.	Introducción..	11
II.	Importancia del diagnóstico personal...........................	17
III.	Creencias limitantes vs potenciadoras..........................	23
IV.	Autorreflexión: fortaleciendo mi mindset.....................	27
V.	El poder de los hábitos...	31
VI.	Cuidando mi frecuencia vibratoria................................	53
VII.	Plan de trabajo; activando mi mindset.........................	59

Prólogo

> «La decisión de juzgar en vez de conocer es lo que nos hace perder la paz»
> **Un curso de milagros**

> «No existe hombre tan cobarde como para que el amor no pueda hacerlo valiente y transformarlo en héroe»
> **Platón**

Me fascinan las semillas; ¿Cómo es posible que algo tan pequeño pueda contener toda la información de lo que posteriormente será un árbol *enorme*?

Eso solo tiene un nombre: *milagro*.

Llega un momento de la vida en el que los seres humanos tenemos que decidir si queremos vivir como si todo fuera un milagro o como si nada lo fuera, optar por una opción o por otra cambia radicalmente nuestra experiencia de vida.

Mi momento ha llegado y la observación escrupulosa de cómo funcionan las cosas me ha conducido directamente a considerar que todo es un milagro.

Tanto es así que lo que me asombra no son los milagros, sino su ausencia. Y las semillas, al igual que las buenas ideas, me parecen un milagro.

MINDSET EN ACCION

«Una creencia positiva lleva el potencial de transformar tu vida».

Una semilla contiene dentro de sí toda la información, el potencial y la energía para que con tan solo los cuidados adecuados –y a veces incluso sin ellos– una nueva vida crezca donde antes no había nada. En este sentido, las creencias positivas son como las semillas: contienen la información necesaria para que, una vez plantadas en nuestro cerebro – a veces incluso sin mucha atención – crezcan y den lugar a una vida nueva para ti.

Una creencia contiene el potencial de transformar tu vida. De hecho, tu vida ya está siendo gobernada por un puñado de creencias, aunque es posible que no seas consciente de cuáles son.

Cada decisión que tomas está adoptada en función de estas creencias, y el hecho de estar tan familiarizado con ellas incluso te ha podido llevar a considerarlas normales e indiscutibles.

Si deseas una vida en abundancia, necesitas plantar en tu cerebro y en tu corazón creencias de abundancia que te proporcionarán, como las semillas, frutos de abundancia.

Te invito a que permitas crecer las creencias empoderadoras que vamos a revisar, porque eso te conducirá a una nueva forma de pensar y actuar (*mindset en acción*) con un actor beneficiario principal: TÚ.

¡Empezamos!

I
Introducción

"Ningún hombre es lo bastante bueno para gobernar a otro sin su consentimiento ". *-Abraham Lincoln*

MINDSET EN ACCION

Escribir un diario es una práctica poderosa. Sacar los pensamientos de nuestra cabeza y ponerlos en la página nos ayuda a identificar lo que realmente importa.

Proporciona claridad a los desafíos que enfrentamos para poder tomar mejores decisiones. Nos ayuda a identificar lo que realmente importa para poder estar completamente presentes y agradecidos.
Recuerda que no hay una forma correcta o incorrecta de escribir un diario. Las únicas reglas que puedes romper son las que han sido creadas por ti.

- o Escribe libremente.
- o Se honesto.
- o Date permiso para soñar.

Llevar un diario es la libertad de explorar tus pensamientos sin limitaciones. Deja que las palabras fluyan con tanta libertad que te sorprendas de su resultado final.

Aquí algunas indicaciones que ayudarán a descubrir algunas verdades que te inspiren a vivir una vida más plena y feliz.

Es común sobrestimar la importancia de los grandes momentos definitorios y restarle valor a la realización de pequeñas mejoras cotidianas.

Con frecuencia, nos convencemos a nosotros mismos de que un enorme éxito requiere de una acción igual de relevante.

MINDSET EN ACCION

Se trate de perder peso, de establecer un negocio, de escribir un libro, de ganar un campeonato o de alcanzar cualquier otra meta, nos presionamos para realizar una mejora que sea digna de convulsionar al planeta y de la que todo el mundo hablará. Por otra parte, las pequeñas mejoras del 1 % son hechos apenas perceptibles, pero a la larga pueden ser significativas. La diferencia que las pequeñas mejoras pueden provocar es *sorprendente.*

La matemática de las pequeñas mejoras funciona de la manera siguiente: si logras ser un 1 % mejor cada día durante un año, terminarás siendo 365 veces mejor al final del período.

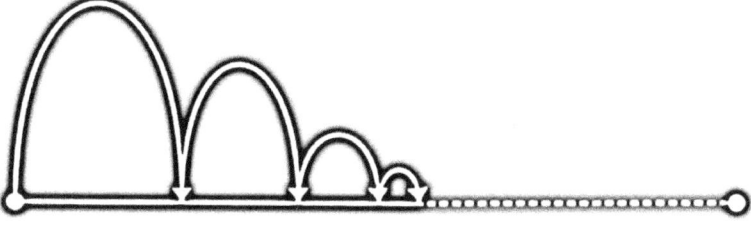

Figura 1. Intensidad.

Figura 2. Consistencia.

si deterioras tu conducta un 1 % cada día, al final de un año habrás llegado casi a cero. Lo que empieza como una pequeña ganancia o una pérdida insignificante se acumula con el tiempo y se convierte en algo grande. Los hábitos son el interés compuesto de la superación personal.

De la misma manera en que el dinero se multiplica mediante el interés compuesto, los efectos de tus hábitos se multiplican en la medida en que los repites cada día.

No parecen marcar diferencia notable en un día determinado y, sin embargo, el impacto que producen conforme transcurren los meses y los años resultaran notables.

Sé un hacedor. No un soñador.

Figura 3. Hacedor.   *Figura 4. Soñador*

Solamente cuando miramos atrás y contemplamos los últimos dos, cinco o quizá diez años, nos damos cuenta y nos quedamos sorprendidos del valor de los buenos hábitos y del costo negativo de los malos.

El impacto creado por un cambio en nuestros hábitos es similar al efecto que provoca alterar la ruta de un barco que ha zarpado. Imagina que estás navegando de San Francisco a Taiwán. Si el piloto altera la dirección del timón 3,5 grados al sur, llegaría a Shanghái, China, en lugar de Taiwán. Ese pequeño cambio apenas se notaría durante los inicios de zarpar. La pala del barco apenas se movería unos centímetros, pero si la distancia se magnificara durante la travesía el buque terminaría en un lugar que está a cientos de kilómetros del destino original

Del mismo modo, un pequeño cambio en tus hábitos cotidianos puede conducir tu vida a un destino completamente diferente. Tomar una decisión que es un 1% mejor o un 1% peor puede no parecer importante en un momento dado, pero en el transcurso de todos los momentos que conforman una vida, estas decisiones determinan la diferencia entre la persona que eres y la persona que podrías llegar a ser.

El éxito es el producto de nuestros hábitos cotidianos, no de transformaciones drásticas que se realizan una vez en la vida.

MINDSET EN ACCION

II
Importancia
del diagnóstico personal.

"Conocerme y estar preparado importa, estar atendo al momento y a la oportunidad. Lo es todo ". -Gerardo Zaldúa

¿Por qué necesitas un diagnóstico personal antes iniciar un plan de vida?

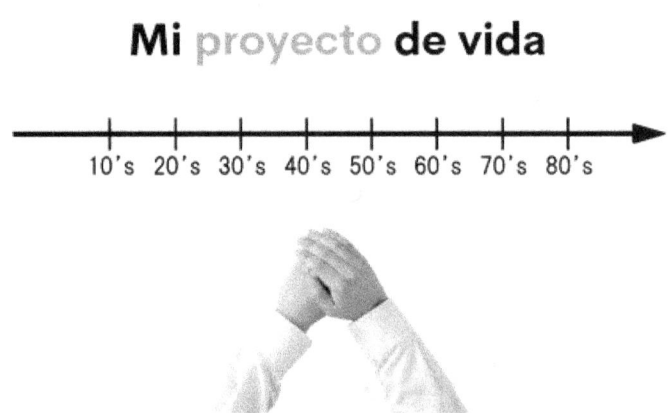

Figura 5. Proyecto de vida.

Han pasado ya algunas semanas del inicio de un nuevo ciclo, y la gran pregunta que te hago, de forma directa e incisiva, es la siguiente:
• ¿Lograste cumplir todos los objetivos que te trazaste en el ciclo anterior?
• ¿Los pospusiste para este? ¿No tuviste objetivos por cumplir? En la etapa inicial es cuando sueles visualizar cómo quieres que sea el resto (y si eres audaz, el siguiente periodo), entonces con mucha ilusión planteas diferentes objetivos tales como:
- Cambiar de apartamento.
- Bajar de peso.
- Conseguir un nuevo trabajo.
- Comprar un auto.
- Estudiar un diplomado.

MINDSET EN ACCION

Con el tiempo, muchos de estos objetivos se van diluyendo, por varias razones como: tiempo, dinero, interés, aparición de nuevas prioridades, etc. Tus objetivos iniciales, después de todo, se han convertido sólo en ilusiones y buenos deseos, nada más.

¿Por qué tus objetivos personales quedan relegados?
Mi experiencia en proyectos de productividad personal y desempeño profesional me ha permitido identificar dos razones principales que causan que los objetivos personales se desvanezcan en el tiempo, veamos:

1. **Falta de un diagnóstico personal:** no te permitirá saber las áreas de tu vida que debes atender. Como ir al médico pues nunca hay cura sin previo diagnóstico.

2. **Ausencia de conexión entre los objetivos planteados y el largo plazo:** (lo que quieres hacer con tu vida en el futuro). Esto causa que los objetivos que te propongas carezcan de un sustento sólido y que realmente impacten en lo que quieres lograr en tu vida.

La importancia de un diagnóstico personal antes de mejorar tu vida.

Para que puedas ejecutar un proceso de mejora personal necesitas priorizar y focalizar tu esfuerzo en las áreas de oportunidad de mayor impacto que tengas. Para saber cuáles son, debes hacer un análisis personal detallado, es decir, un estudio de cómo estas administrando tu vida y cuyos resultados te brinden suficiente información para que construyas un plan de mejora.

Un diagnóstico personal debe permitirte descubrir lo siguiente:

- Si tienes una **estrategia personal** que te permita conectar lo que haces en el corto plazo a tu largo plazo (grandes objetivos de vida).

- Si realizas una **planificación** de tus actividades alineada a lo que quieres lograr en el futuro.

- Si tienes una **organización** de tus entornos digitales y físicos.

- Si tienes a tu disposición las **herramientas** adecuadas para ejecutar tus actividades de forma efectiva.

-Si tienes **hábitos** productivos/saludables que incrementen tu rendimiento día a día.

-Si identificas las **habilidades** para dominar y fortalecer tu rendimiento.

- Si **ejecutas** tus proyectos y tareas de forma productiva.

En general, un diagnóstico va a permitirte conocer a profundidad cómo eres tanto en la parte operativa (ejecución de actividades) como en la parte más estratégica (proyectos a mediano y largo plazo).
Así como cuando vas al doctor, debes realizar tu diagnóstico con la mentalidad de que va a servirte para mejorar, para poder alinear tu estilo de vida, puede ser el inicio de una verdadera *revolución personal.*

¿Entonces, **te animas a hacer tu propio diagnóstico**?

Figura 6. Autodiagnóstico.

MINDSET EN ACCION

III
Creencias limitantes vs potenciadoras.

"No abras los labios sí no estás seguro de qué vas a decir. El silencio es divino y mágico ". -Gerardo Zaldúa

MINDSET EN ACCION

Las personas no actuamos porqué sí, no tomamos nuestras decisiones sin ton ni son, no pensamos de la forma en que lo hacemos de modo aleatorio o influidos exclusivamente por nuestra personalidad. La veleta que señala el rumbo de la dirección que tomamos en cada instante de nuestra vida está formada por nuestras creencias.

A través de la educación recibida, de lo que nos inculcan nuestros padres, nuestra familia, de aquello que vivimos, vamos creando una serie de esquemas que sustentan nuestra forma de ver el mundo, ver a los demás y a nosotros mismos. Imaginemos unos padres que continuamente están advirtiendo a su hijo de los peligros que nos rodean, siempre temerosos no cesan de prevenirnos: "ten cuidado con esto, no te vayas a caer, mejor no vayas a este sitio que te puede pasar algo". Entre otros.

Un día, el hijo tiene la mala suerte de tropezarse en un escalón siendo la contestación de sus padres: "¿Ves? ¡Te lo dijimos!".

Así, una y otra vez, el niño puede concluir que "el mundo es un lugar peligroso".

En ocasiones, las creencias que vamos formando son acertadas y nos pueden ayudar a desenvolvernos. Por ejemplo, creencias como "las cosas no son fáciles" me hacen esforzarme o "es mejor estar rodeado de gente buena" me hace no elegir malas compañías. Estas últimas, son creencias potenciadoras que nos ayudan a desarrollarnos, sentirnos bien y luchar por lo que queremos.

MINDSET EN ACCION

Sin embargo, como en toda moneda, siempre hay dos caras. Son las creencias limitantes, aquellas tan rígidas, inflexibles e inútiles que me bloquean y alejan de mis objetivos.

Este era el caso de Roberto, jugador de básquet, que se encontraba en una mala racha. En terapia conseguimos detectar sus creencias limitantes; algunas de las más incapacitantes fueron:

- En relación con el *mundo*: "se juega para ganar, no se compite para pasar el rato" o "abandonar es de cobardes".
- En relación *consigo mismo*: Roberto creía "yo tengo un gran nivel y debo ganar mis partidos" y "debo ser bueno en todas mis facetas".
- En relación *con los demás*, encontramos: "las personas juzgan fácilmente, critican y se ríen de tus fallos" porque "no acepta la mediocridad".

¿Puedes imaginar el bloqueo mental que tenía?

Si se juega para ganar y él lleva una racha perdiendo, pero no debe perder ni fallar en nada y la gente seguro que lo critica, seguro dirá; ¿merecerá la pena que siga en este deporte?

Pero ¡ah!, rendirse es de cobardes, así que aquí sigo jugando, sabiendo que todo en mí está mal, que no soy el gran jugador que pensaba y sobre mí recae la desaprobación externa, esa que no acepta la mediocridad ni el fracaso.

Sus creencias limitantes lo tenían paralizado y en cada partido en que él se enfrentaba, los recuerdos de partidos perdidos lo inundaban, anticipando el inevitable nuevo fracaso por suceder.

Quizás te sientas identificado con Roberto, pues de forma más o menos rígida todos tenemos creencias que nos alejan de nuestros sueños y nos convierten en personas que dejaron de creer en sí mismas.

¿Estás dispuesto a seguir así?

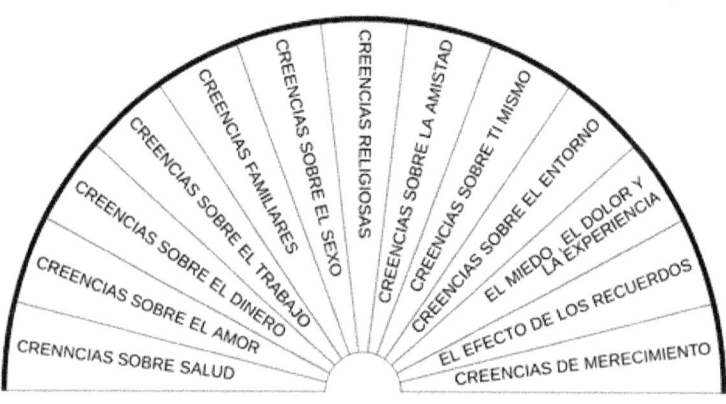

Figura 7. Creencias.

IV
Autorreflexión: fortaleciendo mi mindset.

"El pesimista se queja del viento; el optimista espera que cambie; el realista ajusta las velas ". -William George Ward

Hábitos que favorecen el mindset de la acción:

Productividad

Lograr terminar una tarea adicional es un pequeño logro en un día determinado, pero cuenta mucho en el transcurso de toda una carrera.

El efecto acumulativo de lograr automatizar una tarea antigua para poder dominar una nueva habilidad es aún mayor. Cuantas más tareas seas capaz de realizar de manera automática, sin tener que pensar demasiado, más libertad tendrá tu cerebro para centrarse en otras áreas.

Figura 8. El pensamiento sin cambios conduce a experiencia recicladas.

Conocimiento

Aprender una nueva idea no te convierte en un genio, pero mantener un compromiso de aprender algo cada día durante tu vida se convierte en una fuerza transformadora. Cada libro que lees no solo te enseña algo nuevo, también te estimula a repensar de manera distinta las viejas ideas.

Como dice Warren Buffett: Esta es la manera como el conocimiento funciona; se va acumulando, como el interés compuesto del dinero invertido.

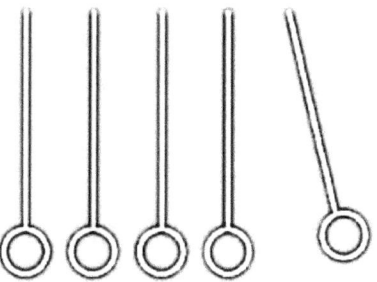

Figura 9. Construimos nuestro propio momento.

Relaciones Sociales

Las personas reflejan la manera como te comportas con ellas. Cuanto más ayudas a los demás, más querrán ayudarte a ti.

Ser un poco más amable en cada interacción con las personas, con el paso del tiempo termina por convertirse en una amplia y duradera red de conexiones

Hábitos que no favorecen el mindset de la acción:

Estrés

La frustración de no avanzar, el peso de las responsabilidades de ser padres, la tensión de no llegar a fin de mes, la preocupación que produce tener la presión arterial un poco más alta de lo normal, etcétera. Por sí solas estas causas de estrés son tolerables, pero si persisten durante años, estas pequeñas preocupaciones se acumulan y se convierten en problemas de salud graves.

Pensamientos negativos

Cuanto más te consideras a ti mismo despreciable, carente de valor, poco inteligente o mal gusto por tu físico, más te condicionas a interpretar la vida de la misma manera. Tu pensamiento queda atrapado en un círculo vicioso. Lo mismo ocurre con tu manera de pensar acerca de los demás. Una vez que caes en el hábito de considerar a las personas como mal humoradas, injustas o egoístas, empiezas a ver a ese tipo de personas en todas partes.

Indignación

Los disturbios, protestas, movimientos de masas rara vez son producto de un acontecimiento aislado. Al contrario, una serie de agresiones menores y afectaciones repetidas se multiplican lentamente hasta que un acontecimiento se convierte en la gota que derrama el vaso y la indignación se extiende como un incendio.

Atendiendo estos retos que día a día nos siguen y como una sombra acompañan nuestros pensamientos, me permito compartirte herramientas de valor que contribuyan positivamente hacia ese logro personal y profesional propuesto.

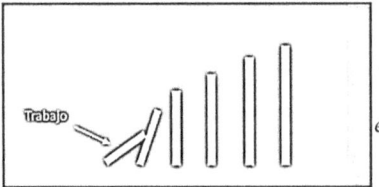

Figura 10. Haz el trabajo y deja que el trabajo haga *el trabajo.*

MINDSET EN ACCION

V
El poder de los hábitos.

"La vida no es sino una continua sucesión de oportunidades para sobrevivir ". -Gabriel Garcia Márquez

MINDSET EN ACCION

Mi poder sobre los hábitos.

1. "El éxito es producto de los hábitos diarios, no de transformaciones únicas en la vida".

2. "Tus resultados son una medida de tus hábitos. Tu patrimonio es una medida de tus hábitos financieros. Tu peso es una medida de tus hábitos alimenticios. Tu conocimiento es una medida de tus hábitos de aprendizaje. Tu desorden es una medida rezagada de sus hábitos de limpieza; **obtienes lo que repites** ".

3. "El tiempo aumenta el margen entre el éxito y el fracaso. Multiplicará lo que sea que le das de comer. Los buenos hábitos hacen del tiempo tu aliado. Los malos hábitos hacen del tiempo tu enemigo".

4. "Las metas se refieren a los resultados que deseas lograr. Los sistemas se refieren a los procesos que conducen a esos resultados".

5. "Los momentos decisivos son a menudo el resultado de acciones anteriores que acumulan el potencial necesario para desencadenar un cambio importante".

6. Tener dificultades para desarrollar buenos hábitos o romper malos, no es por haber perdido la capacidad de mejora. Quizá falta compromiso.

7." Cuando finalmente rompas esa barrera del potencial latente, la gente lo llamará un *éxito de la noche a la mañana* ".

8. "El propósito de establecer metas es ganar el juego. El propósito de construir sistemas es seguir jugando. El verdadero pensamiento a largo plazo es pensar sin objetivos. No se trata de un solo logro. **Se trata del ciclo de perfeccionamiento sin fin y mejora continua** ".

9. "Los hábitos son el interés compuesto de la superación personal"

10. "Los pequeños cambios a menudo parecen no hacer diferencia hasta que se cruza un umbral crítico. Los resultados poderosos de cualquier proceso de capitalización se retrasan. *Se requiere paciencia"*

11. "Un hábito diminuto forma parte de un sistema más grande. Así como los átomos son los componentes básicos de las moléculas, **los hábitos diminutos son los componentes básicos de resultados notables** ".

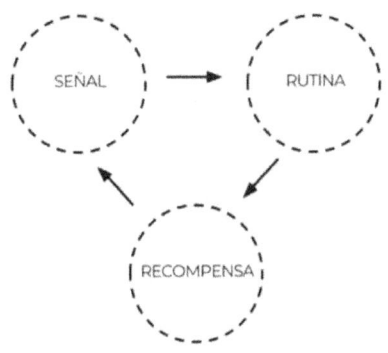

Figura 11. Formando hábitos que perduren.

MINDSET EN ACCION

2: Mis hábitos moldean mi identidad (y viceversa).

12. "Hay tres niveles de cambio de comportamiento: un cambio en tus resultados, un cambio en tus procesos o un cambio en tu identidad".

13. "Los resultados se refieren a lo que obtienes. Los procesos tienen que ver con lo que haces. La identidad se trata de lo que crees".

14. "Con los hábitos basados en resultados, la atención se centra en lo que deseas lograr. Con los hábitos basados en la identidad, la atención se centra en quién deseas convertirte".

15. "Es un proceso simple de dos pasos: decide el tipo de persona que quieres ser. *Pruébalo tú mismo con pequeñas victorias". Sí funciona.*

16. "La verdadera razón por la que los hábitos son importantes no es porque puedan dar mejores resultados (aunque pueden hacerlo), sino porque pueden cambiar tus creencias sobre ti mismo".

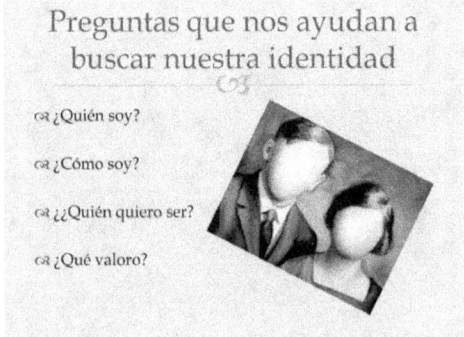

Figura 12. Identidad.

3: Cómo desarrollar hábitos en 4 sencillos pasos.

17. "Siempre que desees cambiar tu comportamiento, pregúntate:
¿Cómo puedo hacerlo obvio?
¿Cómo puedo hacerlo atractivo?
¿Cómo puedo hacerlo más fácil?
¿Cómo puedo hacer que sea satisfactorio?

(Leyes del cambio de comportamiento)

18. "Un hábito es un comportamiento que se ha repetido suficientes veces para volverse mecánico y trabajar desde el subconsciente".

19. "El propósito último de los hábitos es resolver los problemas de la vida con la menor energía y esfuerzo posible".

Figura 13. Repetición de acciones.

4: Verme bien.

20. "Si tienes problemas para determinar cómo calificar un hábito en particular, pregúntate:

MINDSET EN ACCION

¿Este comportamiento ayuda a convertirme en quien deseo ser?
¿Este hábito es un voto a favor o en contra de mi identidad deseada?

21. "Una vez que nuestros hábitos trabajan desde el *mindset*, dejamos de prestar atención a lo que estamos haciendo". Es real.

22. "El proceso de cambio de comportamiento siempre comienza con la conciencia. Debes conocer tus hábitos antes de poder cambiarlos ".

Figura 14. Autoevaluándome.

5: La mejor manera de comenzar un nuevo hábito.

23. "Algunos pensamos; me falta motivación. Cuando falta claridad".

24. "El efecto Diderot establece que la obtención de una nueva posesión a menudo crea una espiral que conduce a compras adicionales".

25. "Una de las mejores formas de desarrollar un nuevo hábito es identificar un hábito actual que ya tienes todos los días y luego apilar un nuevo comportamiento en nivel superior. Le llamo apilamiento de hábitos".

MINDSET EN ACCION

27. "El apilamiento de hábitos es una estrategia que puedes utilizar para combinar un nuevo hábito con un hábito actual". En este punto quiero profundizar más sobre el apilamiento de hábitos.

La fórmula del apilamiento es sencilla: después de (hábito actual) voy a (nuevo hábito).

Por ejemplo:
- Después de acostarme antes de dormir, pensare en 3 cosas positivas que pasaron en mi día.
- Después de subir al automóvil, voy a respirar profundamente 3 veces.
- Adicional, el apilamiento de hábitos cuenta con 4 variables:
- Señal: Algo que sucede que te hace desear una recompensa.
- *Antojo:* cuando empiezas a anhelar la recompensa.
- *Respuesta:* la acción es el hábito que tiene lugar para conseguir el premio deseado.
- *Recompensa:* la recompensa es recibir lo que deseabas inicialmente.
- *Señal:* sientes aburrimiento.
- *Antojo:* quieres ver algo divertido y reírte (recompensa)
- *Respuesta:* entras a tus redes sociales.
- *Recompensa:* te ríes viendo videos.

Ahora imagina desear marcar tu abdomen, deberías incorporar el hábito de hacer abdominales. Entonces:

Después de v*er tus redes sociales,* vos a **hacer 100 abdominales.**
Y después de **hacer 100 abdominales, tomarás agua.**

Y después de *tomar agua*, vas a *leer 20 páginas de mi libro de Mindset*.

De esta forma puedes usar tus hábitos actuales como **señal** para incorporar hábitos nuevos que te van a favorecer.

Figura 15. Creando hábitos.

6: La motivación está sobrevalorada, el entorno a menudo importa más.

28. "Los pequeños cambios en el contexto pueden conducir a grandes cambios en el comportamiento a lo largo del tiempo".

29. "Gradualmente, tus hábitos se asocian no con una señal, sino con el contexto que rodea el comportamiento. El contexto se convierte en la pista"

30. "Es más fácil desarrollar nuevos hábitos en un nuevo entorno porque no se está luchando contra señales viejas".

Figura 16. Mi entorno.

7: Autocontrol.

31. "Las personas con alto autocontrol tienden a pasar menos tiempo en situaciones tentadoras".

32. "Es más fácil evitar la tentación que resistirla".

33. "Una de las formas más prácticas de eliminar un mal hábito es reducir la exposición a la señal que lo causa".

Figura 17. Equilibrio

8: Creando hábitos poderosos.

34. "Cuanto más atractiva es una oportunidad, más probabilidades hay de que se convierta en un hábito".

35. "Los hábitos son un circuito de retroalimentación impulsado por la dopamina. Cuando aumenta la dopamina, también lo hace nuestra motivación para actuar".

36. "Es la anticipación de una recompensa, no su cumplimiento, lo que nos lleva a actuar. A mayor anticipación, mayor el pico de dopamina".

37. "La combinación de tentaciones es una forma de hacer que tus hábitos sean más atractivos.

La estrategia consiste en emparejar una acción que deseas realizar con una acción que debes realizar".

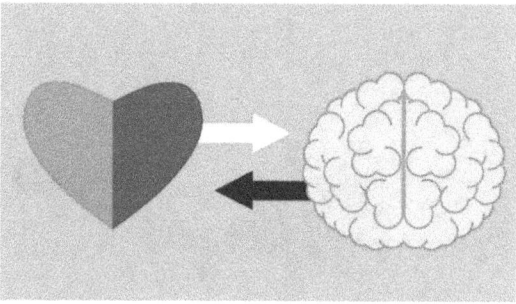

Figura 18. Hábitos poderosos.

9: Influencia de mi circulo.

38. "La cultura en la que vivimos determina qué comportamientos son atractivos para nosotros".

39. "Tendemos a adoptar hábitos elogiados y aprobados por nuestra cultura porque tenemos un fuerte deseo de pertenecer y ser parte de la tribu".

40. "Tendemos a imitar hábitos de tres grupos sociales: los cercanos (familiares y amigos), los muchos (la tribu) y poderosos (aquellos con estatus y prestigio)".

41. "Una de las cosas efectivas que puedes hacer para desarrollar mejores hábitos es unirte a una cultura en la que (1) tu comportamiento deseado es el comportamiento normal y (2) ya tienes algo en común con el grupo".

42. "El comportamiento normal de la tribu a menudo domina el comportamiento deseado del individuo. La mayoría de los días, preferimos estar de acuerdo con la multitud, que en lo correcto conmigo mismo". (aunque parezca raro)

43. "Si un comportamiento puede conseguirnos la aprobación, el respeto y el elogio, lo encontramos atractivo".

MINDSET EN ACCION

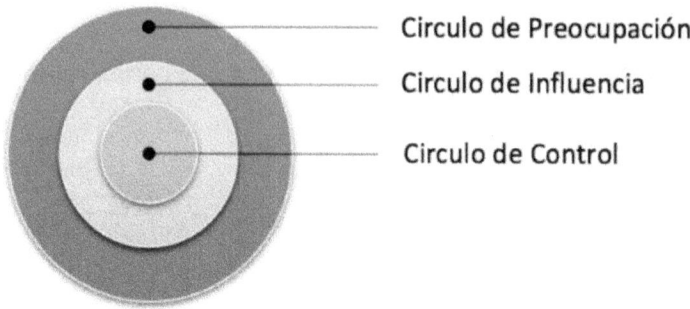

Figura 19. Circulo de control.

10: Atendiendo la causa de mis malos hábitos.

44. "Cada comportamiento tiene un deseo a nivel superficial y un motivo subyacente más profundo".

45. "La causa de tus hábitos es en realidad la predicción que los precede. La predicción lleva a un sentimiento".

46. "Los hábitos son atractivos cuando los asociamos con sentimientos positivos y poco atractivos cuando los asociamos con sentimientos negativos. Crea un ritual de motivación haciendo algo que disfrutes inmediatamente antes de un hábito no fácil".

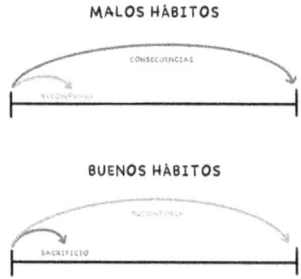

Figura 20. Buenos hábitos vs malos hábitos.

MINDSET EN ACCION

11: Camina despacio, pero nunca hacia atrás (sin prisa, pero sin pausa).

47. "La forma eficaz de aprender es la práctica, no la planificación".

48. "Concéntrate en tomar medidas, no en estar en movimiento".

49. "Formar hábitos es el proceso mediante el cual un comportamiento se vuelve progresivamente automático a través de la repetición ".

50. "La cantidad de tiempo que has estado realizando un hábito no es tan importante como la cantidad de veces que lo has realizado".

Figura 21. Disciplina.

MINDSET EN ACCION

12: Creando mi ley; con un mejor esfuerzo.

51. "Lógico; ir a la opción que requiera menor cantidad de trabajo"

52. "Crea entornos en el que hacer lo correcto sea lo más fácil posible"

53. "Reduce la fricción asociada con los buenos comportamientos. Cuando la fricción es baja, los hábitos son fáciles".

54. "Aumenta la fricción asociada con los malos comportamientos. Cuando la fricción es alta, los hábitos son complicados".

55." Prepara tu entorno para facilitar las acciones futuras".

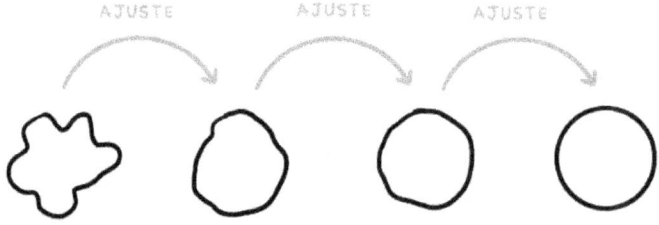

Figura 22. Práctica y los ajustes constantes llevarán a crear algo que valga la pena.

13: Dejando de procrastinar.

Todos los días, hay momentos que generan un impacto enorme. Llamados: "momentos decisivos".

MINDSET EN ACCION

56. "Los hábitos se pueden completar en segundos, pero continúan afectando tu comportamiento durante minutos u horas después".

57. "Existen hábitos que ocurren en momentos decisivos, son como una bifurcación en el camino, y envían en dirección a un día productivo o improductivo".

58. "La regla de los dos minutos dice: 'Al empezar un nuevo hábito, debería llevarte menos de dos minutos en comenzar y hacerlo'".

59. "Cuanto más ritualices el comienzo de un proceso, más probable será que puedas deslizarte hacia el estado de enfoque profundo que se requiere para hacer grandes cosas".

60. "Estandariza antes de optimizar. No puedes mejorar un hábito que no existe".

Figura 23. Progreso.

14: Haz que los buenos hábitos sean posibles y los malos imposibles.

61. "Un dispositivo de compromiso es una elección que se hace en el presente y que permite un mejor comportamiento en el futuro".

62. "La forma de bloquear el comportamiento futuro es automatizar tus hábitos"

63. "Opciones de una sola vez, como comprar un buen colchón o inscribirte a un plan de ahorro automático, son acciones únicas que automatizan hábitos futuros y dan rendimientos crecientes en el tiempo".

64. "Usar la tecnología para automatizar tus hábitos es la forma más confiable y efectiva de garantizar el comportamiento correcto".

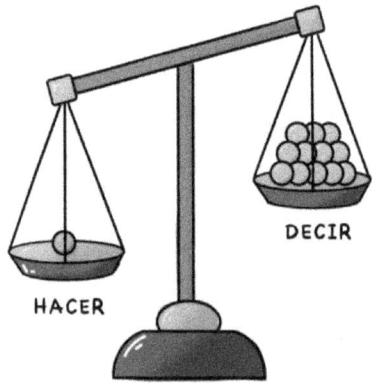

Figura 24. Hacer vs decir.

15: Atendiendo mi cambio de comportamiento.

65. "Es más probable que repitamos un comportamiento cuando la experiencia es satisfactoria".

66. "El cerebro humano evolucionó para priorizar las recompensas inmediatas sobre las recompensas retrasadas". Si quieres saber más, puedes leer sobre la gratificación retardada.

67. "La regla cardinal del cambio de comportamiento: lo recompensado de inmediato se repite. Lo que se castiga de inmediato se evita".

68. "Para que el hábito se mantenga, debes sentirte exitoso de inmediato, aunque sea en pequeña medida".

Figura 25. Pequeños pasos, grandes avances

MINDSET EN ACCION

16: Creando y manteniendo buenos hábitos todos los días.

69. "Creando sentimientos satisfactorios y la sensación de progresar".

70. "Un rastreador de hábitos es una forma sencilla de medir si tuviste un hábito, como marcar una X en un calendario".

71. "Rastreadores de hábitos y otras formas de medición pueden hacer que tus hábitos sean satisfactorios al proporcionar evidencia del progreso".

72 "No rompas la cadena. Mantén viva tu racha de hábitos".

73. "Nunca te desvíes dos veces. Si te sucede un día, intenta volver a la normalidad lo más rápido posible".

Figura 26. Éxito.

17: Cómo un socio responsable lo cambia todo.

74. "Un socio responsable puede generar un costo inmediato a la inacción. Nos preocupamos profundamente por lo que los demás piensan de mí, y no queremos que tengan una opinión negativa de nosotros".

75. "Un contrato de hábitos puede usarse para agregar un costo social a cualquier comportamiento. Esto provoca que los costos de violar tus promesas sean públicos y dolorosos".

76. "Saber que alguien más te mira, puede ser un poderoso-motivador".

Figura 27. Socios.

18: Verdad sobre el talento (cuando los genes importan y cuando no)

77. "El secreto para maximizar tus probabilidades de éxito es elegir el campo de competencia adecuado".

78. "Elije el hábito adecuado y progresar será más fácil. Elije el hábito equivocado y la vida será complicada".

79. "Los genes no se pueden cambiar fácilmente, lo que significa que proporcionan una gran ventaja en circunstancias favorables y una seria desventaja en circunstancias desfavorables".

80. "Los hábitos son más fáciles cuando se alinean con tus habilidades naturales. Elije los hábitos que mejor se adapten a tus necesidades ".

81. "Juega un juego que favorezca tus fortalezas. Si no puedes encontrar un juego que te favorezca, crea uno".

82. "Los genes no eliminan la necesidad de trabajar duro. Lo aclaran, ya que nos dicen en qué debemos esforzarnos".

Figura 28. Esfuerzo.

19: Manteniéndome motivado en mi vida y en el trabajo.

83. "Los seres humanos experimentan una motivación máxima cuando trabajan en tareas que están al borde de sus habilidades actuales ".

84. "La mayor amenaza para el éxito no es el fracaso, sino el aburrimiento".

85. "A medida que los hábitos se vuelven rutinarios, se vuelven menos interesantes y satisfactorios. Nos aburrimos".

86. "Cualquiera puede trabajar duro cuando se siente motivado. Es la capacidad de seguir adelante cuando el trabajo no es emocionante, siendo lo que marca la diferencia".

87. "Los profesionales se apegan al horario; los aficionados dejan que la vida se interponga en su camino ".

Figura 29. Comportamiento, necesidades y objetivos.

20: La desventaja de crear buenos hábitos.

88. "Ventaja de los hábitos es que podemos hacer cosas sin pensar. Desventaja es dejar de prestar atención a pequeños errores".

89. "Hábitos + Práctica deliberada = Dominio"

90 "La reflexión y la revisión es un proceso que te permite permanecer consciente de tu desempeño a lo largo del tiempo".

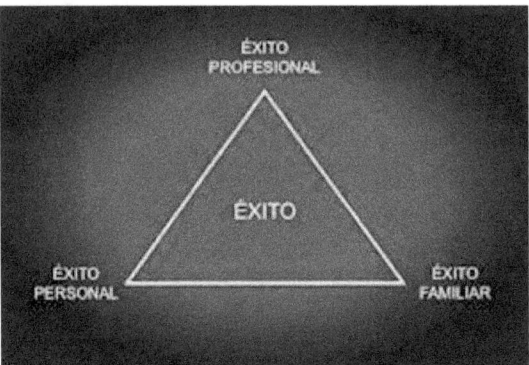
Figura 30. Éxitos.

MINDSET EN ACCION

VI
Cuidando mi frecuencia vibratoria.

"La vida es un diez por ciento como la hacemos y un noventa por ciento como la tomamos" – Irving Berlín

MINDSET EN ACCION

Figura 31. Vibraciones.

Atendamos estos elementos desde el punto de vista de la física cuántica; Vibración en la física cuántica significa que todo es **energía.**

Somos seres que vibramos en ciertas frecuencias.
Cada vibración equivale a un sentimiento y en el mundo "vibracional", existen solo dos especies de vibraciones, la positiva y la negativa.
Cualquier sentimiento hace que usted emita una vibración que puede ser positivo o negativo. Estar triste o vivir con alegría.

Los pensamientos
Todo pensamiento emite una frecuencia hacia el universo y esa frecuencia retorna hacia el origen, entonces en el caso, si tienes pensamiento negativos o creencias que te limitan de desánimo, tristeza, rabia, miedo, todo eso vuelve hacia ti.

Por eso es tan importante que cuides de la calidad de tus pensamientos y aprendas a cultivar pensamientos positivos. para activar emociones.

MINDSET EN ACCION

Las compañías

Las personas que están a tu alrededor influencian directamente en tu frecuencia vibratoria. Si te rodeas de personas alegres, positivas, determinadas, también entrarás en esa vibración, ahora si te rodeas de personas reclamadoras, mediocres y pesimistas, ¡ten cuidado!

Pues ellas pueden estar disminuyendo tu frecuencia y como consecuencia impidiéndote hacer funcionar la Ley de la atracción a tu favor.

La música

La música es poderosa. Si solo escuchas música que habla de muerte, traición, tristeza, abandono, todo eso va a interferir en aquello en que tu vibras.

Presta atención a la letra de la música que escuchas, ella puede estar disminuyendo tu frecuencia vibratoria. Y recuerda: Tú atraes hacia tu vida exactamente aquello en lo que vibras

Las cosas que ves

Cuando ves programas que abordan desgracias, muerte, traiciones, situaciones de hacer daño, etc.

Tu cerebro acepta aquello como una realidad y libera toda una química en tu cuerpo, haciendo que tu frecuencia vibratoria sea afectada.

Ve cosas que te hagan bien y te ayuden a vibrar en una frecuencia superior.

MINDSET EN ACCION

El ambiente

Ya sea en tu casa o en tu trabajo, si pasas gran parte de tu tiempo en un ambiente desorganizado y sucio, esto también afectará tu frecuencia vibratoria.

Mejora lo que está a tu alrededor, organiza y limpia tu ambiente.
Muestra al Universo que eres apto para recibir mucho más.
¡Cuida de lo que ya tienes! Atiende y fortalece tus emociones.

La palabra

Si acostumbras a reclamar o hablar mal de las cosas y de las personas, esto afecta tu frecuencia vibratoria.

Para mantener tu frecuencia elevada es fundamental que elimines el hábito de reclamar quejarte y de hablar mal de los otros. Entonces evita hacer dramas y victimizarte.

¡Asume tu responsabilidad por las elecciones de tu vida!

La gratitud

La gratitud afecta positivamente tu frecuencia vibratoria.

Ese es un hábito que deberías incorporar ahora mismo a tu vida.

Comienza a agradecer por todo, por las cosas buenas y las que consideras no buenas, agradece por todas las experiencias que has vivido.

La gratitud abre las puertas para que las cosas buenas fluyan positivamente en tu vida. Y en tu alrededor.

MINDSET EN ACCION

MINDSET EN ACCION

VII
Plan de trabajo; Activando mi mindset.

"Vence la ira con serenidad. Vence la maldad con bondad. Vence el egoísmo con generosidad. Vence la ignorancia con conocimiento aplicado. ". -Gerardo Zaldúa.

MINDSET EN ACCION

Plan de trabajo

1. ¿Cómo deseas sea tu vida dentro de un año?

2. ¿Qué te enorgullece más haber logrado hasta ahora?

3. ¿Qué creencias te impiden perseguir tus sueños?

4. ¿Cuándo eres más feliz?

5. ¿Cómo crear más de esas experiencias en tu vida?

6. ¿Qué necesitas dejar ir para convertirte en quien debo ser?

7. ¿Tres habilidades por mejorar en próximos doce meses?

8. ¿Qué te da alegría y compromete a hacer regularmente?

9. ¿Qué es lo que más te emociona lograr en tu vida?

10. ¿Cuál super poder aprovecharás para lograr tus objetivos?

11. ¿Costumbre o mal hábito diario que estás listo para dejar?

12. ¿Hábito saludable que te has comprometido a comenzar?

13. ¿Por qué estás más agradecido hoy?

14. ¿Cuál es el verdadero desafío para ti en este momento?

MINDSET EN ACCION

15. ¿Qué excusas ya no dirás para evita ir tras tus sueños?

16. ¿Sueño que he pensado cada día, y no he logrado? ¿Por qué?

17. ¿Qué acción puedes tomar hoy para comenzar?

18. ¿Quién deseas ser dentro de un año?

19. ¿Qué significa para ti la creatividad?

20. De niño, ¿qué querías ser tú de grande?

21. ¿Por quién estás más agradecido? ¿Por qué?

22. ¿Qué consejo le darías a tu yo más joven?

23. ¿Cuándo te sientes más en paz?

24. ¿Cómo te sienta el amor?

25. ¿Cuándo fue la última vez que te sentiste amado?

26. ¿Cómo es tu día perfecto?

27. ¿Por qué quieres ser reconocido?

28. ¿Qué te hace sonreír?

29. ¿A qué le temes? Y ¿Por qué?

MINDSET EN ACCION

30. ¿Qué harías si no tuvieras miedo al fracaso?

31. ¿Sobre qué escribirías un libro? ¿Y por qué?

32. ¿Qué pasión creativa quieres empezar a explorar?

33. ¿Cuáles son tus valores fundamentales? ¿Vives por ellos?

34. ¿Qué te hace reír tanto que lloras? ¿Y por qué?

35. ¿Cuándo fue la última vez que reíste intensamente?

36. ¿Cómo se siente la gratitud?

37. ¿Qué te gustaría más en tu vida?

38. ¿Qué te gusta menos en tu vida? Y debes actuar por ello.

39. ¿A quién tienes que perdonar hoy?

40. ¿De qué te arrepientes?

41. ¿Cómo vivirás tu vida sin remordimientos?

42. ¿Qué libros han tenido el mayor impacto en tu vida?

43. ¿Qué consejo te daría tu futuro yo; hoy?

44. ¿Estás viviendo una vida inspirada?

MINDSET EN ACCION

45. Si pudieras viajar a un lugar del mundo, ¿a dónde irías, por qué?

46. ¿Cuál es uno de los mejores cumplidos que has recibido?

47. ¿Qué significado tiene para ti la familia?

48. ¿Qué tres palabras usarías para describirte a ti mismo?

49. ¿Quiénes serían los invitados a la cena de tus sueños?

50. ¿Cuál es tu relación con el dinero?

51. ¿Qué legado te gustaría dejar al mundo?

52. ¿Cómo es la casa de tus sueños?

53. ¿Crees que es posible alcanzar esos sueños?

54. ¿Cómo puedes vivir una vida más creativa?

55. ¿Cuándo te sientes con más energía?

56. ¿Qué te hace sentir seguro?

57. ¿Qué cualidades amas de ti mismo?

58. ¿Qué relación te gustaría mejorar? ¿Qué te detiene?

59. ¿Experiencias que me han convertido en quién soy hoy?

MINDSET EN ACCION

60. ¿Cómo y por qué pospones las cosas?

61. ¿Estás orgulloso de tu trabajo actual?

62. Escucha una canción favorita. ¿Cómo te hace sentir?

63. Escribe un poema sobre no querer escribir un poema.

64. ¿Cómo describirías tu vida a otra persona?

65. ¿Crees que la felicidad es una elección? ¿Eres feliz?

66. ¿Qué más amas de ti mismo?

67. ¿Cómo puedes abordar tu mayor desafío con gratitud?

68. ¿última vez que hiciste algo por diversión y qué te hizo sentir?

69. ¿Qué te hace sonreír?

70. Si pudieras hacer algo notable por el trabajo, ¿qué harías?

71. ¿Quiénes son tus activadores creativos favoritos?

72. ¿Lo que me gusta de mi trabajo actual?

73. ¿Cuáles son tus rituales favoritos?

74. ¿Qué desearías que la gente supiera de ti?

MINDSET EN ACCION

75. ¿Crees que tu trabajo te apasiona? Por qué.

76. ¿Cómo puedes vivir una vida con mayor plenitud?

77. ¿Cuándo te sientes más vivo?

78. ¿Qué causas son las más importantes para ti?

79. ¿Cuáles son tus deseos secretos?

80. ¿Cómo superaste el momento más difícil de tu vida?

81. ¿Qué es lo que más amas de tu vida en este momento?

MINDSET EN ACCION

Concluyo mi aportación a este artículo con nueve hábitos que recomiendo para este nuevo comienzo:

Levantarte a las 5 am; para poder hacer deporte.

☑ Aprender a ganar dinero extra.

☑ Haz ejercicio diario: trotar, nadar y ciclismo.

☑ Quedarte en silencio, para tu salud mental.

☑ Manejar un horario adecuado para dormir.

☑ Tomar un paseo, cerca de la naturaleza.

☑ Leer 20 páginas al día.

☑ Tomar agua con mayor frecuencia.

Agradecimientos

Estoy agradecido por compartir esta experiencia llamada vida. Es un privilegio que estés aquí y que sea exactamente de la forma que Dios nos lo permite.

Para empezar, quiero dar las gracias a mi familia, a mis queridos y recordados padres, a mis apreciados hermanos. Mis activadores, mis lindas hijas: dos princesas y a mi nieta querida. A mi esposa que me ha impulsado para emprender y ser mejor cada día, a mis amigos por decidir estar siempre cerca.

A mi apreciado Mentor, Coach y Maestro Pedro Garza Gonzalez; que con su paciencia y serenidad me ha guiado por senderos de grandeza y autoconocimiento.

A todos ellos," gracias", porque su presencia hace de mi vida algo indescriptiblemente abundante.
De manera especial estoy agradecido con mis padres, in memoriam , por quererme desinteresada y despegadamente, pero sobre todo por permitirme ser como he sido desde niño, lo cual comprendo ahora que no debió de ser siempre fácil. Gracias por ese ejercicio de amor incondicional y de confianza. Eso lo ha cambiado todo.

Estoy profundamente agradecido a cada colaborador de mis empresas, por compartir conmigo esta creencia de que dedicar una vida a la democratización del desarrollo personal y profesional dotará nuestras vidas de sentido. Gracias por dedicar tantas horas de su apreciada vida –muchas veces con los mejores momentos– a hacer lo que humildemente está en nuestras manos para que miles de personas puedan transformarse en la mejor versión de sí mismas. Gracias a los colaboradores y los voluntarios de los seminarios que hemos impartido. Gracias.

También agradezco a los alumnos de talleres, seminarios, exposiciones y conferencias que me han compartido sus experiencias y que me ha ayudado a ser mejor persona, aprecio su confianza.

También agradezco a las decenas de organizaciones que cada año nos confían la enorme responsabilidad de desarrollar: entrenamientos, consultorías, asesorías, sesiones de coaching, mentorías y eventos para sus clientes, colaboradores o público. Me encuentro gratificado con el equipo de asesores profesionales que me han acompañado a lo largo de mi trayectoria; porque seguir aprendiendo a su lado semana tras semana es una fiesta y me da vida. Gracias por su generosidad y humildad.

También estoy congratulado con la vida, por darme tanto y por pedirme tan poco, por ofrecerme tantas experiencias, aprendizajes, vivencias, momentos, silencios, olores, sabores, emociones y mucho más.
Gracias por dejarme disfrutar de este festival permanente de abundancia y por haberme regalado la lucidez necesaria para entender las reglas de este juego, porque eso lo hace todo más gozoso.

Tu opinión es importante. En futuras ediciones, estaremos encantados de recoger tus comentarios sobre este mi primer volumen de un compendio de herramientas que diseñaré especialmente para ti; **"Talent Tools"**.

Por favor, haznos llegar tus comentarios a través de nuestra página web:

www.gerardozaldua.com

MINDSET EN ACCION

Contacto

info@gerardozaldua.com

Línea directa | WhatsApp | Telegram: **+52 (444) 340 9885**

¡Te acompaño en tu proceso de éxito!

Tu Coach: Gerardo Zaldúa, Alquimista de Personas.

Te invito a seguirme en mis redes sociales.

- LinkedIn
- Facebook
- Instagram
- Twitter
- TikTok
- YouTube
- ClubHouse
- Linktree

TALENT TOOLS I

MINDSET EN ACCION
(Power Habits)

Por qué algunas personas consiguen lo que se proponen (a pesar de)

Por Gerardo Zaldúa
Enero 2023

www.ingramcontent.com/pod-product-compliance
Lightning Source LLC
Chambersburg PA
CBHW071147240526
45465CB00024BA/1850